Bibliothek für Lebenskünstler

KURT GAYER

Whisky für Anfänger

EIN BREVIER
MIT VIELEN ZEICHNUNGEN
VON BOB VAN DEN BORN

DIOGENES

1.– 6. Tausend 1961
7.–12. Tausend 1962
13.–18. Tausend 1965
19.–28. Tausend 1972

ALLE RECHTE VORBEHALTEN
COPYRIGHT © 1961
DIOGENES VERLAG AG ZÜRICH
DRUCK BENZIGER EINSIEDELN
EINBAND W. EIBERT
ESCHENBACH
ISBN 3 257 00675 6

Inhalt

Anstelle eines Trinkspruchs

*Grundsätzlich, sagt man, gibt es zwei Gruppen von Men-
schen: Die puritanischen, die überhaupt nicht trinken und
die anderen, die es für die ersteren gleich mit besorgen.*

*Sollte wider alles Erwarten dieses feucht-fröhliche Bänd-
chen in die Hände eines Angehörigen der Puritanergruppe
gelangen, so möge er es bitte still beiseite legen — oder
konvertieren. Denn diese Mixtur aus gälischen, schottischen und amerikanischen Whiskies verlangt eine gewisse
Standfestigkeit. Wer sich den Whisky zum Weggefährten
erwählt, ist nicht zimperlich, weder im Geben noch im
Nehmen. Damit erklärt sich auch das Phänomen, warum
der Whisky zum eindeutigen Favoriten der Politiker, Boxer,
Finanzmagnaten, Schriftsteller, Detektive und Barfrauen
wurde. Hemingway kann man sich zur Not ohne Bart vor-
stellen, aber bestimmt nicht ohne Whisky.*

*Natürlich durfte der grosse Ernest in dieser Sammlung
ebensowenig fehlen wie Winston Churchill und die rote
Sarah, seine allezeit etwas exzentrische Tochter. Whisky-
Trinken war eben schon seit eh und je ein Prominentensport,
und wenn wir in der Historie zurückblättern, stossen wir
auf Jakob IV. als königlichen Ahnherrn des Whisky. In
der Zeit der englischen Jakobe findet sich denn auch der
Whisky als gälischer Zungenbrecher «uisgebeatha» erstmals
1496 in den schottischen Annalen.*

500 Jahre sind ein ehrwürdiges Alter, und es ist fast nicht zu glauben, dass alle die Jahrhunderte hindurch noch keine gültige Antwort auf die Frage gefunden wurde, die sich vermutlich schon Robin Hood stellte: Wie trinkt man den Whisky?

In Glasgow freilich macht man sich die Antwort einfach, indem man sagt: «Zwei Dinge auf der Welt lieben wir Schotten nackt. Eines davon ist der Whisky.»

Demnach also pur!

Trotzdem sollten wir aber nicht so snobistisch sein, Eisstückchen und Soda als amerikanische Barbarei zu verdammen. Eines aber ist sicher: Pur getrunken offenbart der Whisky sein reiches Seelenleben am willigsten. Nach dem wievielten Glas er allerdings zu Ihnen, verehrter Leser, spricht, das kommt auf seine Qualität an, sein Alter — und auf die Grösse Ihres Glases.

Zu einem kultivierten Whisky-Trinker passt ein gutes Buch und das prasselnde Kaminfeuer im Rücken. Den idealen Leser stellt sich der Autor dieses Bändchens halb in einem Sessel liegend vor, die Füsse auf dem Tisch und den Tumbler mit dem duftenden Whisky in bequemer Reichweite. Stellvertretend für die internationale Whisky-Gemeinde erscheint diese liebenswerte, ganz dem geistigen Genuss hingegebene Gestalt in der Phantasie des trunkenen Dichters. Ihr zuliebe stiess er in den Dudelsack und vertauschte die Kammgarnhose mit dem Kilt, als er sich aufmachte, die besten Whisky-Geschichten aus aller Welt zusammenzutragen.

Ehe Sie nun die ersten Kostproben nehmen, beherzigen Sie bitte einen kleinen Tip: Vor dem Umwenden der einzelnen Seiten die Zunge jeweils mit etwas Scotch befeuchten! Das macht die Lektüre zu einem doppelten Vergnügen. Cheerio, gentlemen!

Pro und Contra

Die Briten sind ein abenteuerliches Volk, Sire. Haben Sie schon ihren Whisky versucht?

TALLEYRAND ZU NAPOLEON

In Lahore habe ich vor kurzem eine Whisky-Schenke entdeckt. Jetzt bin ich bereit zu glauben, dass wir Indien wirklich erobert haben.

LORD KITCHENER

Die Tropen sind für einen Weissen nur mit Whisky erträglich. Komisch — und wenn Sie mich mitten auf den Trafalgar Square stellen, mir brennt die Tropensonne überall.

RUDYARD KIPLING

Die Emanzipation der Frauen ist nicht mehr aufzuhalten, seitdem die Damen dazu übergegangen sind, den Whisky nicht mehr heimlich zu trinken.

OSCAR WILDE

Ich verstehe nicht, weshalb man soviel Wesens um die Technik des Komödieschreibens macht. Man braucht doch nur die Feder in ein Whisky-Glas zu tauchen.

OSCAR WILDE

✍

Das sieht ihnen (den Engländern) gleich!

MONTESQUIEU
beim Probieren eines Whisky

✍

Er war der Sohn eines Gottes. Er war ein Freund schöner Frauen, rassiger Pferde und kräftiger Whiskies. Die Vermutung liegt nahe, dass ihn sein Vater nicht der Frauen und nicht der Pferde wegen von der Nachfolge auf den Thron der Ismaeliten ausschloss.

Aus einem Zeitungsnekrolog
auf den tödlich verunglückten
Ali Khan

✍

Ein mörderisches Gesöff! *Fi donc,* trinken das die Leute wirklich?

MADAME DE STAEL
nach dem ersten Whisky ihres Lebens

✍

Man hat gesagt, wir wollten die Whisky-Flaschen vom Tisch der Reichen fegen. Das ist nicht wahr. Wir wollen lediglich, dass zu der Pinte Bier, die der Arbeiter trinkt, gelegentlich ein Whisky kommt.

ANEURIN BEVAN

⚘

Wo manifestiert sich die englische Perfidie deutlicher als bei Whisky und Pokerspiel?

DR. JOSEF GOEBBELS

⚘

Whisky ist kein Getränk, Whisky ist eine Weltanschauung.

RUDYARD KIPLING

⚘

Wir sollten ihn nicht allzusehr verdammen, Gentlemen. Der Mann hat auch seine guten Seiten. Seine Vorliebe für einen alten Whisky beispielsweise, von dem er sehr viel mehr versteht als von der Politik.

CHURCHILL
über einen intimen Feind
auf der Oppositionsbank

⚘

Für einen Whisky verkauft der Ire sein Seelenheil.

ENGLISCHES SPRICHWORT

⚘

Ick weess nich, mir schmeckt det Zeug!

KRONPRINZ WILHELM

... sintemal ich nun im siebenten Jahre auf diesem glücklichen Eiland weile, wo mir so viele Ehren und Cordialithäten von Höchster Hand widerfahren. Nur mit dem abscheulichen Trank, den sie hier Whisky nennen, werde ich wohl in Ewigkeit nie Freundschaft schliessen können, ohngeachtet des Umstandes, dass man mich, wie Ihr wisst, einen guthen Geniesser nennet.

GEORG FRIEDRICH HÄNDEL
an einen Freund in Deutschland

Ich hoffe, es wird die Gastgeber nicht verletzen, wenn ich lieber beim Wodka bleibe.

NIKITA CHRUSCHTSCHOW
bei einem Empfang in der
amerikanischen Botschaft

Yankee-Ballade

Zur Zeit der Prohibition galt Kanada bei vielen Amerikanern als das Gelobte Land. Zu Tausenden fielen die ausgetrockneten Yankees an den Weekends in Kanada ein, um wieder einmal den Geschmack von Whisky (dortzulande 'Rye' genannt) in die Kehle zu bekommen. Ein hübscher Song aus jenen Tagen wird als Evergreen heute noch in den Vereinigten Staaten und in Kanada gesungen:

> *Four and twenty Yankees,*
> *feeling very dry,*
> *Went across the border*
> *to get a drink of Rye,*
> *When the Rye was opened,*
> *the Yanks began to sing:*
> *God save America but God*
> *bless The King!*

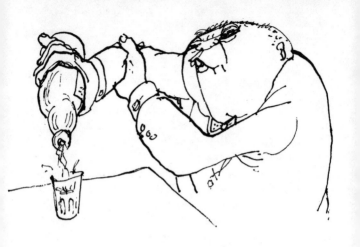

Whisky-Geschichten

Patrioten

In der weingesegneten Charente herrscht Gewitterstimmung. Mit lodernder Empörung haben die alteingesessenen Cognac-Brenner im 'Girondin' gelesen, dass in Frankreich der Whisky-Verbrauch von Jahr zu Jahr ansteige. Wenn diese Entwicklung anhalte, werde der Zeitpunkt nicht mehr ferne sein, an dem der fremde Whisky den guten alten Cognac überflügle.

Erregt diskutieren die Bürger von Armagnac die Schreckensnachricht.

«Irgendwas muss an dem Teufelszeug doch dran sein», überlegt Monsieur Dupont, der im Rufe eines logischen Denkers steht. «Probieren wir's doch mal aus. Um einen Feind zu besiegen, muss man ihn erst erkennen.»

«*C'est vrai!*» sagen die Weinbauern, und irgend jemand schafft tatsächlich eine Flasche Whisky herbei.

Behutsam, mit spitzen Fingern, stöpselt M. Dupont den Korken los. Wer ihn so hantieren sieht, könnte glauben, die Flasche beherberge einen Skorpion.

M. Dupont riecht zunächst mal hinein und nimmt

dann, sehr, sehr vorsichtig, einen kleinen Schluck. Gespannt beobachtet ihn das Fussvolk.

«*Eh bien,* Monsieur Dupont», ruft endlich einer aus der Menge, «wie schmeckt's?»

Monsieur Dupont rollt die Augen himmelwärts. Dumpf erklingt die Antwort:

«Nach Landesverrat!»

Definition

«Dad», sagte der kleine Schotte, «kannst du mir den Unterschied zwischen Laster und Sünde erklären?»

«Pass auf, *Sonny,* das ist ganz einfach. Stell dir vor, hier auf dem Tisch steht eine Flasche Whisky. Trinke ich nun diese Flasche auf einen Zug aus, wär's ein Laster. Wenn ich aber hergehen würde und würde den Whisky in den Ausguss schütten, wär's eine Sünde.»

Räuberballade

Eine Horde Räuber überfiel Lord Archibald. Sie nahmen ihm alles ab, Geld, Uhr, Brieftasche, Kleider, Schuhe. Nackt, wie ihn Gott geschaffen hatte, stand er mitten im Wald.

«Aber das können Sie doch nicht machen, Gentlemen», sagte Lord Archibald indigniert. «Ich bitte Sie, wie soll ich denn in dieser Verfassung nach Hause kommen?»

«Warten Sie, bis es Nacht wird», sagte der Anführer kalt. «Was wir einmal haben, rücken wir nicht mehr heraus.»

«Dann geben Sie mir wenigstens die Whisky-Flasche aus meiner Gesässtasche wieder», bat der Beraubte.

«Wozu?»

«Damit ich mich in die Fahne hüllen kann.»

Immer vornehm!

Lord Archibald auf Carnavon-Castle betrachtete tiefsinnig die Fliege in seinem Whisky-Glas.

«Das hab ich gern», knurrte er, «ausgerechnet in meinem Bourbon! Ich sag's ja immer: Nobel muss die Welt zugrunde gehen!»

Gute Besserung!

Leidumwittert trat James, der treue Butler, zu Annie in die Küche.

«Ich glaube, der gnädige Herr macht's nicht mehr lange», sagte er tonlos. «Kein Wort kommt mehr über seine Lippen, und sein Whisky-Glas steht immer noch unberührt auf dem Tablett. Ich denke, Sie sollten mal zu ihm raufgehen und ihm das Bett aufschütteln, Annie.»

Annie ging.

«Gelt», sagte James, als die Küchenfee zurückkam, «Seiner Lordschaft geht es sehr schlecht, nicht wahr?»

«Ooch», erwiderte Annie gedehnt, «ich weiss nicht recht...»

«Was heisst ich-weiss-nicht-recht? Ist das Whisky-Glas immer noch unberührt?»

«Das Whisky-Glas schon», sagte Annie und strich sich die Schürze glatt.

Blinder Alarm

Wieder sass Seine Lordschaft tief in der Nacht vor
dem Kamin bei seiner geliebten Whisky-Flasche, und
wieder stürmte es von den Orkneys her. Er war ein
bisschen eingenickt, da platzte James, ohne anzu-
klopfen, mit fliegendem Atem ins Zimmer.

«Mylord», keuchte er, «der Sturm ... der ganze
Westflügel ist eingestürzt!»

Da war aber Lord Archibald böse!

«Und deshalb wecken Sie mich!» schrie er zornig.
«Sie wissen doch, dass die Whisky-Vorräte im Mittel-
trakt stehen, Sie Esel!»

Ergebener Diener

Nur James, der treue Butler, wusste, dass Lord
Archibald eine Zahnprothese trug. Auf dem Nacht-
tisch Seiner Lordschaft hatte abends ein Wasserglas
voll Whisky zu stehen. Darein deponierte er seine
Zähne für die Dauer der Nacht.

«Das desinfiziert», erklärte Lord Archibald, «und
gibt am anderen Morgen sogleich einen frischen Geschmack in den Mund.»

«Sehr wohl, Mylord», sagte James und trug das
Desinfizierungsmittel gemessenen Schrittes auf sil-
bernem Tablett hinaus. Mit vornehmer Diskretion
zog er die Türe jeden Morgen lautlos hinter sich zu.
Dann blieb er stehen, jeden Morgen, und verneigte
sich in Richtung der Tür.

«*Your health,* Mylord!» sagte er und leerte das Glas
in vollendeter Haltung.

Horrido!

Lord Archibald hatte in den Wäldern um Carnavon einen kapitalen Keiler geschossen. Stolz setzte er den Fuss auf das erlegte Wild und führte die Jagdflasche zum Mund.

Bloody dog! — hatte doch dieser James vergessen, Whisky nachzufüllen.

Wutentbrannt schleuderte Lord Archibald die Flasche ins Gebüsch, beugte sich über den toten Eber und streichelte sein struppiges Fell.

«Armes Tier», hauchte er, «nun hast du umsonst sterben müssen.»

Good old Johnnie

Johannes XXIII, der Nachfolger Pius XII auf dem Stuhl Petri, liebt es, seine Gefolgschaft gelegentlich durch kleinere Ausflüge und Spaziergänge zu überraschen, die nicht selten über die Grenzen der Vatikanstadt hinausführen. Die ob ihrer nassforschen Ungezwungenheit bekannten amerikanischen Zeitungskorrespondenten in Rom haben prompt für den wanderfreudigen Papst einen Spitznamen gefunden, der schnell die Runde machte: Johnnie Walker, in freier Verdeutschung etwa Johannes der Spaziergänger.

(Whisky-Kenner wissen, worin der besondere Gag dieser Namensfindung liegt: 'Johnnie Walker' ist eine der berühmtesten und ältesten Whiskymarken der Welt.)

Nach dem sechsten dann!

Winston Churchill schreibt an seinen Memoiren. Er behandelt den schwierigen und ereignisreichen Zeitraum von Casablanca bis zur Konferenz von Jalta, doch seine sonst so flüssige Feder will ihm heute nicht recht gehorchen. Öfter als sonst muss Old-Winnie nach James, dem Diener, klingeln, der ihn mit frischem, eisgekühltem Whisky-Soda versorgt.

«Dies ist der vierte, Sir», sagt James mit leisem Vorwurf in der Stimme.

«Gut, dass Sie mich daran erinnern, James! Nach dem sechsten wollen wir kürzer treten. Lassen Sie dann das Soda weg!»

Wie es die Alten sungen

Im Hause Churchill hatte es wieder Ärger mit der roten Sarah gegeben.

«Jetzt hab ich aber endgültig genug!» grollte der Expremier. «Jetzt ist sie über die Vierzig hinaus, weiss Gott, sie ist doch kein Kind mehr. Wissen wir denn, was sie morgen wieder anstellen wird? Neue Affären, Raufereien mit der Polizei, Whisky-Gelage, ein Skandal nach dem anderen — so geht es wirklich nicht weiter. Ich werde sie unter Polizeiaufsicht stellen lassen!»

«Aber Daddy,» beschwichtigte Lady Churchill ihren Gatten, «du solltest mit dem Kind nicht zu streng sein!»

«So, warum sollte ich nicht?»

«Weil sie in allem deine Tochter ist,» sagte Lady Clementine milde.

Das Autogramm

Sarah Churchill, die rothaarige und allezeit etwas
exzentrische Tochter des *grand old man,* hatte wieder
einmal ein Strafmandat über fünf Pfund erhalten.
Wegen Trunkenheit, Widerstand gegen die Staats-
gewalt und Beleidigung eines Polizeibeamten. Der
sonst nicht kleinliche Vater war diesmal ehrlich auf-
gebracht. Er hatte die Nachricht über den öffentlichen
Kraftakt seiner Tochter aus der 'Times' erfahren
müssen. Das wurmte ihn, und als eine Stunde später

mit der Post ein kläglicher Brief der Sünderin eintraf, in dem sie um Überweisung von fünf Pfund bat, damit sie die Strafe bezahlen könne, riss dem Alten der Geduldsfaden.

«Keinen *Farthing* kriegst du von mir!» setzte er wutentbrannt auf eine offene Postkarte. Unterschrift: Dein schamroter Vater.

Gerührt betrachtete die rote Sarah die Postkarte mit dem charakteristischen steilen Schriftzug.

«Wie lieb von Daddy!» rief sie aus. «Eigenhändig! Für dieses Autogramm löse ich glatte zwanzig Pfund. Fünf gehen ab für die Strafe, der Rest ist Black and White!»

Hemingway liess sich untersuchen. Der Arzt machte ein bedenkliches Gesicht.

«Ich muss Ihnen eine sehr unangenehme Mitteilung machen, Mr. Hemingway. Sie haben Wasser!»

«Soll das ein Scherz sein?» erwiderte Hemingway. «Ich bitte Sie, das ist doch gar nicht möglich!»

«Ich irre mich nicht», beharrte der Arzt. «Die Diagnose lässt gar keinen anderen Schluss zu: Sie haben Wasser. Fragen Sie jeden anderen Arzt, wenn Sie mir nicht glauben wollen, er wird Ihnen das gleiche sagen.»

Erste Verhaltungsmassregeln in der Tasche, zog der Dichter geknickt von dannen.

Spät in der Nacht klingelte er den Medizinmann aus den Federn.

«Hallo, Doc», rief er fröhlich ins Telefon, «ich hab's! Die ganze Zeit hab ich darüber nachgedacht, jetzt hab ich's!»

«Was haben Sie, Mr. Hemingway?»

«Die Erklärung, Doc! Die Erklärung dafür, wie das Wasser in meinen Körper gelangen konnte. Das kommt nur von den verdammten Eisstücken im Whisky, sag ich Ihnen.»

Umrechnungskurs

Ernest Hemingway gewährte in seinem Traumhaus auf Kuba dem Korrespondenten einer amerikanischen

Nachrichtenagentur ein Interview. Im Laufe der Unterhaltung wollte der Reporter wissen, ob es stimme, dass der grosse Dichter und Nobelpreisträger jedes Wort, das er niederschreibe, mit zwei Dollar honoriert erhalte, die Verfilmungs-Einnahmen mitgezählt.

«Das kann ich Ihnen nicht genau sagen,» antwortete Hemingway. «Ich rechne halt zwei Worte = eine Flasche Bourbon.»

Wussten Sie, dass ...

... der Name «Whisky» aus dem lateinischen aqua vitae abgeleitet ist? Für englische Ohren klang das wie usquabae oder iusqebeatha. Diese Wortungeheuer wandelten sich später in «Whisky».

... die Iren zu ihrem Whisky «Whiskey» sagen?

... die Schotten den Whisky aus Roggen, Gerstenmalz und Weizendestillaten bereiten?

... die Bezeichnung «Scotch» nur Whiskies tragen dürfen, die in Schottland hergestellt werden?

... bereits im Jahre 1701 schottischer Whisky nach Nordamerika ausgeführt wurde?

... King James IV. bereits Whisky kannte und schätzte?

... sich der erste historische Hinweis auf Whisky in den Exchequer Rolls von 1494 findet?

... sich nach schottischem Glauben Dionysos mit Whisky betrank?

... hundert Whisky-Hersteller in Schottland rund 3000 Sorten Whisky (blends) fabrizieren?

... eine Whisky-Marke oft aus einer Mischung von dreissig verschiedenen Whisky-Typen komponiert wird?

... die Fabrikation von Whisky in Schottland und Irland durch Generationen hindurch ein ausgesprochenes Vater-Sohn-Handwerk geblieben ist?

... man den jungen Whisky, der zur Einlagerung in das Fass kommt, «Baby-Whisky» nennt?

... ein Regierungsdekret die Lagerzeit für Whisky auf mindestens drei Jahre vorschreibt?

... der Standard-Typ acht bis zwölf Jahre in Eichen-holz- oder Kirschbaum-Fässern lagern muss?

... sich die nordamerikanische Weisse Eiche am besten zur Lagerung von Whisky eignet?

... im Jahre 1959 einundzwanzig Millionen Gallonen schottischen Whiskys im Gesamtwert von hundert Millionen Dollar nach den USA exportiert wurden?

... es nicht möglich ist, den Whisky durch Ultraschall künstlich zu «altern»?

... jedes Jahr vier Millionen Gallonen Whisky durch die Poren des Fassholzes entweichen und sich buchstäblich verflüchtigen, dass dieser Prozess aber nicht unterbrochen werden darf?

... Whisky viermal so stark ist wie gewöhnlicher Wein?

... Whisky als einziger Branntwein verdünnt werden kann, ohne Schaden zu nehmen. Es gibt drei Möglichkeiten, ihn zu verdünnen: 1. mit Quellwasser. 2. mit Soda, 3. mit Eis. In seiner schottischen Heimat schwört man auf das Quellwasser.

... Whisky sein schönstes Aroma in dem Augenblick gewinnt, wo er abgekühlt wird (nicht, wenn er kalt ist — Whisky-Flasche im Eisschrank ist reine Barbarei!) Der durch Eis nicht nur kühlende, sondern auch sich lösende Whisky verliert alle dickflüssige Schwere, die er im Naturzustand hat; fängt an zu fliessen, zu duften. Wichtig: Erst kommt das Eis (möglichst in einem Becherglas), und zwar in grossen Würfeln — weswegen man in vornehmen Bars dieses Getränk auch als *Whisky on the rocks* (auf dem Eis-Felsen eben) bezeichnet.

... ein *Irish Coffee* aus starkem Kaffee, wenig Wasser und sehr viel Whisky bereitet wird. Den besten *Irish Coffee*, sagen die Kenner, trifft man in der Gegend um Kildare.

Mehr Whisky-Geschichten

Der Kilt

Mr. und Mrs. Morris aus Cincinnati machten einen Europa-Trip. Sie kamen auch nach Glasgow, und Mrs. Morris machte grosse Augen, als sie den ersten Mann im Schottenrock erblickte. Unausweichlich kam auf Mr. Morris die alte, ewig unentschiedene Frage zu: Was trägt ein Schotte unter seinem Kilt?

«Werden wir gleich haben!», sagte der clevere Mann aus Cincinnati. «Alles was wir dazu brauchen, ist eine Stehbar.»

Die fanden sie denn auch gleich an der nächsten Strassenecke. Viele Schotten im Kilt standen herum, und auf den Tischen spiegelten sich kleine Whisky-Pfützen. Der Amerikaner bestellte einen Manhattan und liess beim Bezahlen, wie unabsichtlich, ein Sixpencestück fallen.

«Jetzt weisst du Bescheid!», sagte nach einer Weile Mr. Morris zu Mrs. Morris, «aber die Münze sehen wir nie mehr wieder, glaub mir.»

Madam zuckte die Schultern.

«Jede *show* hat ihren Preis», sagte sie obenhin.

Eine sehr erfolgreiche Broadway-Komödie, in der nach dem Willen des Autors unheimliche Mengen Alkohol konsumiert wurden, ging zum 250. Mal über die Bühne. Aus diesem Anlass stiftete die Direktion statt der sonst üblichen Fruchtsäfte drei Flaschen echten Whisky. Die Darsteller durften aber vorher nicht verständigt werden, sie sollten die kleine Überraschung auf offener Bühne erleben.

Im 2. Akt des Stückes tritt der Held an eine Bar und kippt — laut Regieanweisung — 'zwei Gläser Whisky in schnellem, hastigem Zug hinunter und wirft sich dann angewidert wortlos in einen Fauteuil.' Das hatte bisher immer tadellos geklappt. Diesmal jedoch, zwischen dem ersten und dem zweiten Glas, stutzte der Schauspieler einen Augenblick. Schnell ergriff er das von neuem gefüllte Glas, leerte es vorschriftsmässig in einem Zug und ehe noch der hinter der Bar stehende Mixer den Vorgang begriffen hatte, langte der Arm des Mimen über die Theke und entriss ihm die Flasche.

«Geben Sie her, Charly,» sagte der 'Wortlose' dumpf, «ertränken wir unsere Verzweiflung. Wie schal ist doch dieses Leben!»

Sprach's, nahm die Whisky-Flasche an den Mund und liess sich angewidert in den Fauteuil fallen.

Schwere Wahl

Der unvergessene Humphrey Bogart, Held amerikanischer Erfolgsfilme, hielt im Whisky-Konsum unbestritten die Spitze unter allen Hollywood-Stars.

Auf einer Party wurde er einmal gefragt, wem er, wenn er vor die Wahl gestellt würde, den Vorzug gäbe: Einer Flasche Whisky oder einer schönen Frau.

Humphrey zögerte einen Augenblick, dann sagte er nachdenklich: «Schwer zu sagen. Ich müsste wissen, um welche Sorte Whisky es sich handelt!»

Darum!

Errol Flynn war erbost: «Du kannst anscheinend nur dann nett zu mir sein,» sagte er zu seiner ständigen Begleiterin, «wenn du einen Whisky willst.»

«Aber ich bin doch so oft nett zu dir . . .» erwiderte die Schöne.

«Eben . . .» sprach der Held der sieben Meere.

Singing-Jimmy

Ein Amerikaner aus Kentucky, ein Kanadier und ein Schotte stritten sich darum, wer den besten Whisky hätte.

Der Mann aus Kentucky plusterte sich mächtig auf.

«Unser Old-Kentucky ist unschlagbar, Gentlemen! Ein Quart davon einem Sechs-Zentner-Bullen eingeflösst — der kommt einen ganzen Nachmittag nicht mehr zu sich!»

«Nicht übel», gab der Boy aus Kanada zu. «Aber gegen unseren 'Seagram's' ist das noch gar nichts. Einmal haben wir, nur so zum Spass, eine Flasche

davon in unseren Dorfteich geschüttet, und was soll
ich euch sagen, Jungens: Im Zeitraum einer Viertelstunde kamen sämtliche Fische hoch, Barsche,
Karpfen, Schleie, Aale, alle stinkbesoffen!»

Der Schotte nickte anerkennend.

«*Well,*» sagte er, «zwei hübsche Stories, *indeed*. Ich
weiss nicht recht, ob ich da überhaupt mithalten
kann.»

«Schiess schon los,» sagte der Mann aus Kentucky
ermunternd. «Es kann ja nicht jeder so 'nen guten
Whisky haben, wär ja langweilig!»

«Da hatten wir also mal in Glasgow den alten

Singing-Jimmy von der Heilsarmee, der tagaus tagein mit seinem frommen Gesangverein durch die verrufensten Hafenkneipen zog, um arme Seemannsseelen zu retten. Ganz Glasgow kannte ihn, und es gab kaum einen, der Singing-Jimmy nicht einen Sixpence in die Büchse steckte.

Nun tagten wir an einem hässlichen, nasskalten Dezembertag im 'Happy Corner', und wie wir gerade bei einem sagenhaft alten White Label sitzen, wer kommt herein, hustend und blaugefroren? Singing-Jimmy mit seinen Girls. Die fingen auch gleich an, an ihren Gitarren zu zupfen, aber sooft Jimmy den Mund öffnen wollte, um in das Geklimper einzufallen, überfiel ihn der Husten.

«Komm, Jimmy», sagte ich und hielt ihm den White Label hin, «stärk dich erst mal. Du bringst ja keinen Ton heraus.»

Er schaute mich an, als stünde ihm Beelzebub persönlich gegenüber, und die Mädchen sangen so laut, dass die Gläser klirrten. Jimmy wollte einfallen, aber es reichte nur zu einem heiseren Krächzen.

«*Shut up*, Jimmy», schrien einige unter uns, und ich hob noch einmal die Flasche. «Nur mal riechen, Jimmy,» sagte ich begütigend, «da, schnuppere bloss mal an dem Korken.»

Ich hielt ihm den Korken beinahe gewaltsam unter die Nase, und was dann kam, boys, war das Seltsamste, was mir in meinem Leben je widerfahren ist. Jimmy schnupperte, einmal, zweimal und ganz tief beim dritten Mal.

Langsam, ganz langsam, nahm er seine Leutnantsmütze vom Kopf, legte sie auf den Tisch und sagte

zu seiner wie versteinert dastehenden Gruppe:
«Kinder, geht nach Hause und betet für den alten
Jimmy. Ich bin schwach geworden in dieser Stunde!»

Asketen

«Und noch eines», sagte der alte Feuerschlucker
zu seinem Sohn. «Trink niemals Whisky pur, wenn
du dir nicht die ganze Schnauze verbrennen willst. In
unserem Beruf muss man Opfer bringen. Daher
Whisky immer nur mit Eisstücken — das kühlt!»

Vorsichtsmassnahme

Junges Ehepaar beim Einkauf. Zur Feier des ersten
Hochzeitstages hat man eine Flasche Whisky er-
standen.

«Nimm du das Baby und gib mir den Whisky»,
sagt der junge Mann beim Verlassen des Geschäftes.
«Du lässt ja doch immer alles fallen.»

Das Glückskind

McKnick hatte bei einer Wirtshausschlägerei ein
Auge verloren. Ein Freund besuchte ihn in der
Klinik.

«Armer Mac», sagte er, «das ist ja furchtbar. Es
muss dich sicher hart getroffen haben.»

«Das schon», nickte Mac. «Aber andererseits
habe ich wiederum Glück im Unglück gehabt.»

«Wieso denn?»

«Na ja — ich hatte doch sieben Whisky als der Rummel losging. Stell dir vor, sieben Whisky, und als mich dann das Stuhlbein traf, dachte kein Mensch mehr ans Kassieren. Ich sag's ja immer, Glück muss der Mensch haben!»

Boys, war das vielleicht eine Bullenhitze, unter der seit Tagen ganz Schottland stöhnte! Die Brauereien mussten Sonderschichten einlegen, und die Mädchen in den Büros knöpften die Blusen bis 2 Zoll unter die Schicklichkeitsgrenze auf. Einige von diesen jungen Clerks, die ja immer ihr loses Mundwerk spazierenführen, gaben zwar der schamlosen Hoffnung Ausdruck, die Hitze möge noch höher steigen, aber die Herren in gesetztem Alter waren dagegen.

Well, ich wollte ja eigentlich die Story von dem Bettler erzählen, der, vom Hitzschlag getroffen, mitten auf der Strasse zusammenbrach. Im Nu stand eine Menge Volks um den alten Knaben herum, und jeder wusste ein Mittelchen, den leise vor sich hin Stöhnenden aus seiner Ohnmacht zu erwecken.

«Gebt dem armen Mann einen Whisky!» sagte eine nette alte Dame.

«Knöpft ihm den Kragen auf!» riefen ein paar Umstehende.

«Gebt ihm einen Whisky!» sagte die nette alte Dame.

«Ruft die Ambulanz!»

«Fühlt ihm den Puls!»

«Stellt ihn hoch!»

«Lasst ihn liegen!»

«Giesst kaltes Wasser über ihn!»

«Gebt ihm einen Whisky!» sagte die nette alte Dame.

Plötzlich richtete sich der Ohnmächtige auf. Jedes Wort machte ihm Mühe.

«Wollt ihr nicht endlich auf die nette alte Dame hören?» fragte er leise.

Im Schlaraffenland

Der Schotte hatte seinem Sprössling die Fabel vom Schlaraffenland vorgelesen.

«Gelt, Paps», sagte der kleine Mann, «im Schlaraffenland regnet es auch manchmal?»

«Natürlich regnet es, *Sonny*. Himbeersirup für die kleinen Leute und Whisky für die grossen. Täglich regnet es, und am Sonntag dreimal wie aus Kübeln.»

Straffreiheit

Am Schwarzen Brett der Sprengstoffwerke von Coventry hängt seit kurzem folgender Anschlag:

An alle Betriebsangehörigen!
Einige bedauerliche Vorfälle der jüngsten Zeit veranlassen uns im Interesse der Sicherheit des Werkes und aller darin beschäftigten Personen strikt auf die Einhaltung der bestehenden Vorschriften hinzuweisen. Nach § 17 der Betriebsordnung ist
a) das Rauchen in allen Räumen, auch auf dem WC
b) der Genuss von Whisky
streng verboten. Zuwiderhandlungen werden unnachsichtig geahndet.

Die Betriebsleitung

Schrieb ein Scherzbold darunter: Wer zu Hause explodiert, geht straffrei aus.

McKnick hatte das Grosse Los gewonnen. Einhunderttausend Pfund.

Die Nachricht liess sich natürlich nicht verheimlichen. Die Kollegen im Büro liessen das Glückskind der Reihe nach hochleben, und McKnick sah sich wohl oder übel gezwungen, zwei Flaschen Whisky zu spendieren.

Als die Pullen eingeschenkt waren, klopfte der edle Spender an sein Glas.

«Ich danke Ihnen allen für Ihre Glückwünsche», sagte er mit bewegter Stimme. «Aber eines möchte ich klarstellen: Sollte ich wieder einmal in der Lotterie gewinnen, dann erinnern Sie sich bitte, dass ich meine Pflicht und Schuldigkeit bereits getan habe. In diesem Sinne: *Cheerio, gentlemen!*»

Fussballspieler sollen keinen Alkohol trinken und Whisky schon gar nicht.

Für Roy Hunter, den Mittelstürmer vom FC Blackpool, hatte diese Regel keine Gültigkeit. Vor jedem grossen Spiel nahm er heimlich einen Schluck, und als es gegen die Erbfeinde, die «Wölfe» aus Wolverhampton ging, nahm Roy einen doppelten.

Vom Whisky beflügelt, schoss Roy in der ersten Viertelstunde ein prachtvolles Tor. Kurz darauf prallte er mit dem gegnerischen Torwart zusammen. Roy ging zu Boden, und als sich der Schiedsrichter über den Bewusstlosen beugte, schlug ihm eine Whiskyfahne entgegen.

Der Pfeifenmann war aus Schottland. «Zurück!» scheuchte der Wackere die mit der Bahre heraneilenden Sanitäter fort. «Der Mann ist prophylaktisch behandelt. Der wird wieder!»

Im Hyde-Park

Der Seifenkisten-Redner schilderte in düsteren Worten die verderbliche Wirkung des Alkohols. Jim Frazer stand in der Menge und hörte ihm andächtig zu. Plötzlich gab es einen lauten Krach. Die Kiste, die der Redner als Podest benützte, war unter seinen temperamentvollen Bewegungen zusammengebrochen.

Am nächsten Tag brachte Jim eine schöne, neue Kiste mit der Aufschrift: «Bitte nicht stürzen! Original Scotch!»

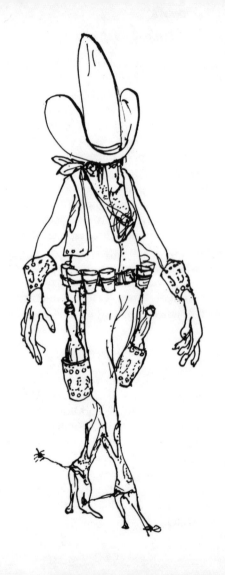

«Da, nehmen Sie», sagte er zu dem Mässigkeits-
apostel, «wir haben sie zu viert gestern abend extra
leer gemacht.»

Berufsstolz

In der Redaktion des «Texas-Rancher» mochte vielleicht einmal die Tinte ausgehen. Der Whisky nie.

Der Chefredakteur war wieder einmal voll wie ein
Stint. Kurz vor Redaktionsschluss stürzte sein Nach-
richtenredakteur ins Zimmer.

«Boss!» schrie er aufgeregt, «was sollen wir tun?
Eben kommt über Radio Houston die Meldung, dass
ein Hurrikan mit 200 Meilen Geschwindigkeit direkt
auf unsere Stadt zurast.»

«Unterschlagen wir einfach!» erwiderte der Boss
müde. «Wir werden doch von den Radiofritzen keine
Informationen entgegennehmen.»

Der Berufene

Der 'Club der Whisky-Freunde e. V.' suchte einen
neuen Präsidenten. McKnick ging hin, sich zu be-
werben. Als die Reihe an ihn kam, wurde er an einen
Tisch geführt, an dem drei würdige ältere Herren
sassen. Ihr Amt war es, jeden Bewerber auf Herz und
Nieren zu prüfen.

«So, Sie wollen also Präsident unserer ethischen
Zielen dienenden Gesellschaft werden», sagte der
Speaker. «Welche Qualifikationen für dieses hohe
Amt bringen Sie mit?»

«Ich kann mit verbundenen Augen einen Whisky mit 85 *proof* von einem Whisky mit 84 *proof* unterscheiden!»

«Das sehen wir als selbstverständliche Voraussetzung an, Sir! Was können Sie noch?»

«Ich kann eine Flasche Whisky austrinken, ohne zwischendurch Luft zu holen!»

«Das kann jeder von uns! Sonst haben Sie nichts zu bieten?»

«Doch!» sagte McKnick. «Ich kann meiner Frau, wenn ich früh um vier nach Hause komme, den Teppichklopfer entwinden.»

«Gewählt!» sagten die drei Herren wie aus einem Munde.

Garderobesorgen

In den Kneipen von Soho sollte man tunlichst keinen Whisky bestellen. Die Ganoven, die dort Stammgäste sind, schliessen, wenn sie das Wort 'Whisky' hören, sofort auf eine dicke Brieftasche.

Dem guten Bertie, der zum ersten Mal nach London kam, war das leider nicht gesagt worden. Als er im Rinnstein erwachte, trug er nur noch die dürftigste Unterkleidung und am Hinterkopf eine enteneigrosse Beule.

Erschrocken setzte er sich auf.

«*O Lord*», stammelte er, «ist mir das peinlich! Wenn ich nur wüsste, in welcher Garderobe ich meine Kleider abgegeben habe.»

Frau Huber sitzt brütend über einem Kreuzwort-rätsel. Gefragt war ein Getränk mit sechs Buchstaben.

«Sag mal Otto», wendet sich Frau Huber an ihren zeitunglesenden Gatten, «weisst du, wie man Whisky buchstabiert?»

«Whisky buchstabiert man nicht», sagt Otto un-wirsch, «Whisky trinkt man!»

Weltbürger Whisky

Drei schwarze Daten verzeichnet die Geschichte Schottlands: Die Schlacht von Culloden 1746, in der fünftausend Hochländer von den Engländern niedergemacht wurden, den Tag, an dem Maria Stuart 1587 im Schloss Fotheringhay ihr schönes Haupt auf den Block legte, und den 29. September 1940. An diesem Tag war Edinburgh das Ziel eines deutschen Luftangriffes. Ein schwerer Treffer schlug in eine Whisky-Distillery am Haymarket, wobei 1.200.000 Gallonen Whisky in Flammen aufgingen oder in der Erde versickerten. Tausende von Edinburgher Bürgern waren Zeugen dieses schaurigen Schauspiels, und es wird berichtet, dass plötzlich aus der Menge heraus laute Gebete zum Himmel aufstiegen, Gott möge die Schrecken dieses Krieges von den britischen Inseln abwenden.

Der Geruch des verbrannten Whiskys hatte an die schottischen Seelen gerührt ...

Kein Schotte wird in dem Anruf Gottes beim Anblick brennender Whisky-Fässer eine Profanierung sehen, hat doch der Whisky in der Geschichte schon Verwendung beim Heiligen Abendmahl gefunden. In jener Schlacht von Culloden, in der die Blüte des schottischen Adels dahinsank, empfing der junge Lord Strathallan eine tödliche Wunde. In Ermangelung von Brot und Wein reichte der Priester dem Sterbenden eine Hafermehlscheibe und einen Schluck Whisky, «other requisite elements not being attainable».

Robert Burns hat diese Szene in 'Tam o' Shanter' pathetisch verklärt beschrieben. In diesen berühmt gewordenen Strophen findet sich die den deutschen Leser überraschende Beschreibung des Whiskys als «Wein des kleinen Mannes».

Man muss dazu wissen, dass der aus Frankreich eingeführte Wein in jener Zeit nur an adeligen Tischen zu finden war. Der kleine Mann trank seinen Whisky, der lange, bis in die Mitte des vorigen Jahrhunderts hinein, den Beigeschmack des Vulgären an sich hatte. Whisky war in England «something barbarous from across the border», ein barbarischer Stoff für barbarische Kehlen. Erst als in den siebziger Jahren die grosse Reblaus-Epidemie die französischen und die deutschen Weinberge verheerte und praktisch keine Flasche Wein mehr zu haben war, gelang dem Whisky der Einbruch in die High Society. Über Nacht war er salonfähig geworden, und die Engländer begannen in zunehmendem Masse Geschmack an dem seltsam-rauchigen Bukett des Whiskys zu finden.

Winston Churchill sagt in seinen Erinnerungen, sein Vater habe noch «im Zeitalter von Brandy mit Soda» gelebt. Whisky habe Churchill sen. nur getrunken, wenn er an trüben, regnerischen Tagen Blesshühner in einer Moorlandschaft jagte.

Mit einem durchaus unbritischen Radikalismus haben die Inselbewohner das Brandy-Zeitalter abgestreift. Sie sind in das Whisky-Säkulum getreten, sie haben eine Wissenschaft des Whisky-Trinkens entwickelt, die auf strenge Regeln und Riten gegründet ist. So sagt Sir Robert Bruce-Lockart im Stile eines Verdikts: «Schon ein wenig Wasser, das man dem Whisky beimengt, ist ein Greuel und beleidigt sowohl die Seele als auch den Geist.»

Beeindruckt von dieser strengen Sprache, können uns die diktatorischen Lagervorschriften für den echten Scotch nicht mehr überraschen. Warenhäuser beispielsweise, die der hohen Ehre für würdig befunden werden, schottischen Whisky zu verkaufen, sind angewiesen, den edlen Stoff in einem gut durchlüfteten Raum mit einem bestimmten Luftfeuchtigkeitsgehalt zu lagern. Ausserdem — und dies ist sehr wichtig! — darf der Whisky nicht höher als im zweiten Stockwerk ruhen. Grössere Höhenpartien verträgt er nicht.

Nun erst beginnen wir vielleicht zu verstehen, weshalb der schottische Kellermeister den Whisky nur mit der Nase probiert. Ihn, wie es sein deutscher Kollege mit dem Wein macht, auf der Zunge zu schmecken und dann auszuspucken, erschiene dem Schotten als ein sündhafter Akt. Allenfalls gestattet er noch den Siedend-Wasser-Test, bei dem ein Teil Whisky mit vier Teilen Wasser gemischt wird. Wenn bei diesem Versuch die Flüssigkeit nach einer Weile klar wird und sich ein leicht rauchiges Aroma entwickelt, ist der Whisky gut. Wenn aber das Gemisch trüb bleibt und der Geruch an minderwertiges

Benzin erinnert, sollte man, nach Empfehlung der schottischen Menschenfreunde, die Flasche beiseite stellen und sie für Gläubiger, Gerichtsvollzieher und andere ungebetene Gäste aufbewahren ...

Noch mehr Whisky-Geschichten

Whisky gegen Wodka

Ein Schotte und ein Russe tranken um die Wette.
Whisky und Wodka natürlich. Wer als erster unter
den Tisch rutschte, sollte die Zeche bezahlen, so war
es ausgemacht.

Iwan sackte nach dem 27. Glas ab.

Mac schüttelte ihn verzweifelt. «Der simuliert
bloss», schrie er entrüstet, «der hört bloss auf, weil's
ihm zu teuer wird. He, du, steh auf, der Kampf ist
noch lange nicht entschieden.»

Brüderchen blieb liegen.

Traurig wandte sich der Sieger dem Rest der
Flasche zu.

«Da sieht man's wieder», sagte er entrüstet. «Die
andern können machen, was sie wollen. Wir Schotten
aber, nicht wahr, wir müssen in alle Ewigkeit die
Geizhälse sein.»

Kavalier am Steuer

Zwei Personenwagen stiessen an einer Kreuzung der
Kensington Road zusammen. Der Schaden war nicht
erheblich, aber die Londoner Verkehrspolizei ist sehr

peinlich und besteht darauf, Unfälle auch leichterer Natur an Ort und Stelle zu klären.

Die beiden Fahrzeuglenker zückten nach alter guter Eton-Sitte die Hüte, nannten höflich ihre Namen und beschauten sich den Schaden.

«Auf den Schreck sollten wir einen trinken», schlug der eine vor und holte ein elegantes Whisky-Reisefläschchen aus der Brusttasche. «Hab ich immer dabei, sehr praktisch! Bitte, mein Herr!»

Der andere nahm einen tiefen Schluck. «Und Sie, wollen Sie sich nicht auch stärken?»

«Später», lächelte der Gentleman, «später dann — nach der Blutprobe.»

«Mylady», meldet James, der treue Butler, mit tränenumflorter Stimme, «Seine Lordschaft haben heute nacht zu sterben geruht. Gestern abend habe ich ihm noch, wie immer, seinen Whisky gebracht,

und heute früh fand ich ihn regungslos im Sessel sitzend, das Glas unberührt neben sich.»

«Dann ist er bestimmt tot!» sagte die frische Witwe.

Anatomisches

Am Morgen des 6. Juli ging der zum Tode verurteilte Gewaltverbrecher Jeff Lance seinen letzten Gang. Am Morgen des 7. Juli lag seine Leiche im pathologischen Institut der nahegelegenen Universität.

Ein für seine Zerstreutheit bekannter Professor nahm die Obduktion in Anwesenheit einer Schar wissbegieriger Medizinstudenten vor.

«Sehen Sie her, meine Herren», sagte der Professor triumphierend, als er auf die völlig deformierte Leber stiess. «Eine typische Whisky-Leber! Total zerstört durch ständigen schweren Alkohol-Missbrauch. Ich sage Ihnen, der Mann hätte bei seiner sonstigen guten Konstitution noch gut und gerne zwanzig Jahre leben können.»

Quiz für Whisky-Kenner

Beantworten Sie bitte die folgenden Fragen mit dem Ihnen eigenen Freimut. Kreuzen Sie bei den einzelnen Fragen unter jeweils drei Antworten die zutreffende an, addieren Sie die Punkte in nüchternem Zustand, und wir werden Ihnen sagen, welcher Kategorie von Whisky-Trinkern Sie nach diesem Psycho-Test angehören.

Frage 1 Als Mann von Welt pflegen Sie   Punkte
natürlich irgendeine Liebhaberei.
Sammeln Sie
a) Aktienpakete (1)
b) Aktfotos (3)
c) Viktorianische Dessous (5)

Frage 2 Wenn Sie Ihrem Butler eine Rüge
erteilen, tun Sie dies
a) durch ein schwach angedeutetes
Senken der Mundwinkel (1)
b) durch einen kraftvoll-diskreten
Fusstritt (5)
c) durch Entzug der Schlüssel zum
Schlafzimmer der Gnädigen (3)

59

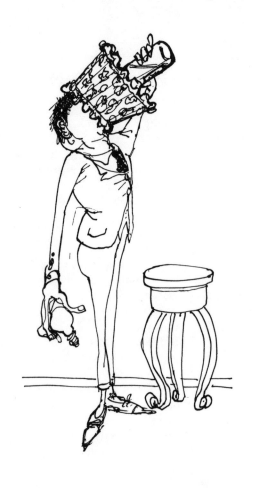

Frage 3 Nehmen Sie Ihr Morgenbad
    a) in ordinärem Leitungswasser   (1)
    b) in verdünnter Cumberland-Sauce   (5)
    c) in Veuve Cliquot, Jahrgang 1884   (3)

Frage 4 Was wäre nach Ihrer Ansicht die ge-
    rechte Strafe für Whisky-Pantscher
    a) Vierteilen   (1)
    b) die neunschwänzige Katze   (3)
    c) zeitlebens englische Küche   (5)

Frage 5 Womit seifen Ihre Stallknechte Ihre
    Reitpferde ab
    a) mit Chanel 5   (3)
    b) mit Aquavit   (5)
    c) mit einem Desodorant   (1)

Haben Sie zusammengezählt? Schön, dann wollen wir sehen, wohin Sie gehören.

18 bis 25 Punkte. Sie dürfen ein «Sir» vor Ihren Vornamen setzen. Sie zählen ohne Frage zu den Spitzen der *Society*.

10 bis 17 Punkte. Sie sind nicht untalentiert. Belegen Sie in Eton einige Fächer und atmen Sie dort den Duft der grossen weiten Welt.

5 bis 9 Punkte. Stellen Sie den Tumbler weg! Zu Ihrem Typ passen Masskrug, Milzwurst, Mostrich. Die Tore zum *High-Life* werden Ihnen zeitlebens verschlossen bleiben.

BIBLIOTHEK
FÜR LEBENSKÜNSTLER

... für Verliebte, Verlobte,
Gehemmte

Loriot
Der Weg zum Erfolg

Maurice Sendak / Robert Keshan
Sie liebt mich ... liebt mich nicht

Edward Gorey
Das Geheimnis der Ottomane

Bosc / Chaval / Flora / Ungerer u. a.
Cherchez la femme!

Virgil Partch
Gesellschaftsspiele mit Damen und Herren

Loriot
Für den Fall ...

... für Feinschmecker
und Alkoholiker

Jitka Bodlakova / Augustin
Kochbuch für junge Lebenskünstler

Kurt Gayer / Bob van den Born
Whisky für Anfänger

Elinor G. Smith / Loriot
Die perfekte Hausfrau

Alice Vollenweider / Paul Nussbaumer
Aschenbrödels Küche

... für Intellektuelle, Asoziale
und Snobs

Loriot
Neue Lebenskunst

Wolfram Siebeck
Gewußt wie

Sigismund von Radecki / Paul Flora
Das müssen Sie lesen!

Edward Gorey
Das Geheimnis der Ottomane

Loriot
Wahre Geschichten

... für Verheiratete
und solche,
die es werden wollen

Tomi Ungerer
Ho Ho Hochzeit

Elinor G. Smith / Roswitha Lincke
Die absolut vollkommene Ehe

Hans Gmür / Loriot
Die Ehe für Anfängerinnen

Loriot / Wolfgang Hildesheimer
Auf den Hund gekommen

Elinor G. Smith / Loriot
Die perfekte Hausfrau

Loriot
Nimm's leicht!

... und Tierfreunde

Loriot
Umgang mit Tieren

Loriot / Wolfgang Hildesheimer
Auf den Hund gekommen

... für Dynamiker
und Führungskräfte

Loriot
Der Weg zum Erfolg

Loriot
Der gute Ton

Loriot
Der gute Geschmack

Wolfram Siebeck
Gewußt wie

Virgil Partch
Gesellschaftsspiele mit Damen und Herren

Sigismund von Radecki / Paul Flora
Das müssen Sie lesen!

Loriot / Wolfgang Hildesheimer
Auf den Hund gekommen

IM DIOGENES VERLAG